DÉVELOPPEMENT

DES MOTIFS

D'UN TRAVAIL SUR LES FINANCES,

Par J. M. FROUST, de Nantes.

PARIS,
DE L'IMPRIMERIE DE P. GUEFFIER,
Rue Guénégaud, n°. 31.

1816.

DÉVELOPPEMENT

DES MOTIFS

D'UN TRAVAIL SUR LES FINANCES.

Jusqu'à ce jour j'ai fait au public six communications de mes *Essais sur les finances ;* le travail dont je vais donner une courte analyse, a pour motifs : de proposer un moyen d'amortissement de la dette publique en France, par l'effet de son remboursement valeur intégrale ; d'établir le crédit d'une caisse d'Amortissement sur des fondemens et d'après des principes tels, que plus elle amortiroit de la dette publique, plus elle économiseroit de capitaux pour l'Etat, par le moyen de rachats des effets publics pour son propre compte.

Ce sont ces diverses propositions que je désirerois soumettre aux observations des hommes de l'état appelés à discuter un nouveau plan général d'économie financière pour la France.

J'ai présenté quelques exemples pour prouver

combien on a contrarié les intérêts des contribuables, et par conséquent énervé les ressources de l'Etat, en multipliant les impôts indirects qui atténuent imperceptiblement les élémens de prospérité dans un pays, en nuisant à l'industrie sous les rapports de la circulation des denrées que l'on y recueille.

J'ai calculé les produits des impôts qui ont été levés sur la France depuis l'an 1800, époque vers laquelle on songea à établir de l'ordre dans les finances, d'après des principes stables. Je me suis convaincu que l'effet produit par les sommes énormes levées sur les propriétaires d'immeubles, a été que deux ou trois classes de ces mêmes propriétaires s'étoient trouvées ruinées par la charge de ces impôts, et que des mutations de propriétés répétées trois ou quatre fois, ont affoibli tellement la fortune des agriculteurs, qu'il y a aujourd'hui plus de la moitié de la valeur des propriétés foncières de la France, engagée par hypothèques à des capitalistes français ou étrangers, résidant ou non résidant en France, j'ai supposé que la somme générale, par hypothèques sur les immeubles de la France, a été constamment égale à *vingt milliards*, et qu'il s'en est suivi que les propriétaires ont eu une rente à payer chaque année à des capitalistes, égale au moins à *un milliard;* que ces propriétaires ayant satisfait à tous les impôts dont ils ont été passibles, ont dû couvrir annuellement une nouvelle dépense de *six cent millions* pour leur portion d'impôts : c'est donc une perception annuelle, soit de la part de l'Etat, soit de la part des capitalistes, égale au moins à *seize cent millions*, qui nécessairement a primé sur tous les besoins particuliers des propriétaires ou fermiers. Supposeroit-on que, vu la richesse de la France, la masse des propriétaires retirât un revenu de deux milliards ? Ce ne seroit alors que *quatre cent millions* qui eussent dû suffire à l'entretien des propriétés et aux frais d'existence des agriculteurs et des propriétaires ; cela est impossible. C'est ce qui démontre qu'insensiblement les propriétés sont devenues grevées et devront continuer à l'être davantage si on ne vient pas au secours des agriculteurs ou propriétaires quelconques d'immeubles, en adoptant un nouveau système de finances qui produise le moyen certain de réduire les impôts à la moindre fraction, à charge de chaque contribuable connu ; de trouver celui d'universaliser les impôts sur la tête de tous les sujets de l'Etat.... C'est ce qui m'a fait imaginer le plan d'un impôt, dit *par tête*, d'après des maximes nouvelles, qui, sans affecter les fortunes industrielles d'une manière sensible, produiroient des revenus considérables à l'Etat et déchargeroient les agriculteurs de l'excès du fardeau qui les accable.

Dans mon travail, j'oppose la richesse du sol reconnue immuable à la richesse du commerce considérée comme variable ; j'oppose la France à l'Angleterre ; et d'après l'idée que je me suis formée de la balance respective de leurs forces et de leurs intérêts, j'ai jugé que dans la première il ne faut que vouloir, tandis que partout ailleurs il faut pouvoir...... J'ai considéré comme une erreur, de croire que la richesse de l'Angleterre fût de nature à empêcher que la France devînt aussi riche, sinon plus riche qu'elle sous tous les rapports possibles... J'ai regardé comme une bien plus grande erreur, de penser comme ceux qui proposent toujours d'imiter l'Angleterre dans tout ce qu'elle a fait pour amortir sa dette. J'ai cru, au contraire, que je devois me faire l'antagoniste absolu de son commerce et de ses systêmes en finances. Je me suis dit : la France peut offrir garantie partout où l'Angleterre n'offre que crédit. Chercherai-je à suivre son systême d'amortissement pour sa dette ? non ; il n'a rien produit. Je veux n'en adopter un pour la France, qu'autant qu'il sera salutaire et plus satisfaisant que celui adopté par les ministres anglais, auxquels on a donné le mérite d'une création qui ne produit qu'invisiblement les effets qui seroient si nécessaires à la dette anglaise et à la finance de ce royaume, laquelle ne s'étudie pas à s'étayer *du réel* puisqu'elle retire de si grands bénéfices *du fictif;* mais en France, où il s'agit de faire naître un vrai crédit public, après de si fortes *convulsions*, il faut bien se garder de s'étayer d'un systême usé, dont l'usage en France ne feroit que perpétuer le mal qu'un antagoniste cherche toujours à causer à son rival.

En France, *deux milliards* de numéraire peuvent créer avantageusement *six milliards* de circulation, de même que *quarante milliards*, valeur de propriétés territoriales ou immeubles quelconques peuvent servir à garantir *dix autres milliards* de nouvelles valeurs circulantes assurées par l'immuable systême des hypothèques.

Créer des Banques départementales en France et les varier dans leurs institutions, voilà les moyens d'arriver aux plus heureux résultats, d'ajouter la richesse du plus grand commerce à la richesse du sol français; eh! qui ne parviendrait pas à se convaincre que, par un systême que l'imagination froide ne craindroit pas de hasarder, il seroit probable qu'en trois ans de temps il pourroit y avoir, pour ainsi dire, autant de valeurs circulantes en France, que l'Angleterre a de dettes; ce n'est donc point en approuvant les systêmes de l'Angleterre, à plus forte raison en les suivant, que l'on pourroit parvenir à un si haut résultat.

Il ne faut être que Français et penser à l'intérêt de son pays pour anéantir les raisonnements mis en avant journellement, ayant pour objet d'engager à imiter les systêmes financiers anglais, et de les rendre d'autant plus victorieux : les employer, ce seroit perdre tôt ou tard la France, parce que jamais la France n'éprouvera de malheurs que par ses mauvaises institutions en finances.

L'Etat ayant eu besoin d'argent dès le commencement de la révolution de 1789, on songea avec raison à imposer toutes les propriétés territoriales, parce qu'alors il y avoit une classe de propriétaires privilégiés; aujourd'hui l'Etat ayant encore besoin d'argent, on doit songer à imposer une autre classe de sujets en addition à celle des propriétaires d'immeubles............ Ne pas découvrir une nouvelle source productive pour l'Etat, ce seroit ne pas vouloir obtenir un produit d'impôts suffisant, et sapper, sans le prévoir, les derniers fondemens de la grande fortune publique.

Voilà assez généralement les opinions qui m'ont porté à publier les idées de mon septième Essai sur les Finances de la France. Je me suis rappelé les principes du grand Sully, ce Ministre du peuple; j'ai cherché à partir de leurs bases. Je me suis dit : si ces principes ont pu produire de si grands effets à l'époque où il occupoit le ministère, quels effets ne produiraient-ils pas aujourd'hui, s'ils étoient entièrement professés, avec le secours de l'accroissement des lumières en matières de finances.

Le fondement de mon système de prospérité et d'opposition au crédit public en Angleterre, c'est la création de deux grands établissemens, par le moyen de l'emploi desquels je croirois conserver le numéraire qui existe en France, et parvenir à attirer d'immenses capitaux de l'Etranger. Ces deux établissemens, d'après mes systêmes, se fortifieroient mutuellement dans leur crédit par leurs diverses opérations fixées d'une manière immuable : l'un des deux, d'une conception nouvelle, se rattacheroit puissamment à l'esprit public, et seroit susceptible de réunir le double des capitaux de ceux qui seroient employés dans les fonds publics ; tel seroit le foible systême d'amortissement que l'on croiroit devoir adopter.

Le résultat de l'amortissement de la dette publique par l'effet de son remboursement, valeur intégrale, (moyen de créer le plus grand crédit en France contre toute opposition), c'est-à-dire *cent pour cent* de sa valeur nominale, d'après le mode que je propose, c'est qu'à partir du premier janvier 1817 jusqu'à la fin de 1821, la caisse d'amortissement auroit remboursé intégralement et auroit amorti de la dette publique pour environ. . . . . . 290 millions
qu'elle auroit accumulés dans son portefeuille à son loisir, par l'effet de ses rachats à bénéfice pour elle. . . . . 625 *dito*.

TOTAL 915 millions.

Que cette même caisse pourroit se rendre liquide de toutes les ressources qu'elle auroit employées pendant les cinq ans pour arriver à ce but, moyennant 225 millions de capital des 625 *millions* qu'elle auroit économisés dans son porte-feuille; ce qui la feroit détenteur, pour son compte, quitte de tous engagemens, de *quatre cent millions* de capital de rentes; ou, s'il lui plaisoit de réaliser ses rentes à *quatre-vingt* pour cent, si tel en étoit le prix à cette époque, elle auroit un capital de *trois cent vingt millions* en espèces, pour l'utiliser comme il est spécifié dans le travail.

Il ne devroit pas être perçu, pendant les cinq ans, sur le peuple, au-delà de *trois cent soixante millions* pour opérer ce résultat et produire tous les grands effets promis par le moyen du *deuxième* établissement, qui donneroit lieu à quadrupler, pour la circulation en sa faveur, les capitaux dont il se priveroit momentanément, et qui plus tard lui seroient rendus en économie dans la caisse d'amortissement.

Je poursuis mon plan du premier janvier 1822, époque à laquelle la caisse d'amortissement seroit riche de *vingt millions* de rentes sur l'Etat, jusqu'à la fin de l'année 1826. Je ne demande plus au peuple, pour continuer d'exécuter mon système d'amortissement et de maintien de mon deuxième établissement, qu'environ *deux cent vingt-cinq millions* pendant les cinq années, et je réalise toujours, en suivant les mêmes procédés, au bout de dix ans, à partir du premier janvier 1817, *six cent quarante millions* remboursés et amortis intégralement, plus *huit cent millions* environ, possession particulière de la caisse d'amortissement dégagée de toutes dettes quelconques.

L'influence du système pourroit même dans le courant de dix années avoir servi à sortir de la circulation, en effets publics, jusqu'à la concurrence de *seize à dix-sept cent millions*, dont un *milliard* seroit susceptible d'y rentrer à la volonté de la caisse qui le posséderoit.

Le résultat général et effectif, au bout de dix à douze ans, seroit que la caisse d'amortissement auroit amorti et remboursé intégralement *trente-deux millions* de rentes à décharge de la dette publique, et qu'elle seroit devenue propriétaire, au profit de la nation et à décharge de toutes impositions extraordinaires sur le peuple, d'une valeur de *quarante millions* de rentes sur l'Etat, ou à provenir de ses intérêts dans le deuxième établissement, qui lui assureroient pour toujours les moyens d'amortir sensiblement la dette générale de l'Etat, si encore on le jugeoit nécessaire.

Les avantages résultant pour les créanciers de l'Etat seroient : qu'ils recevroient le prémier janvier 1817 *deux cent trente-sept millions, huit cent soixante-six mille cinq cent quarante francs* à valoir sur leurs créances pour la proportion de *deux milliards* que je suppose représenter la dette générale à cette époque, ou au prorata, à raison de *cent pour cent* du montant de chacune de leurs créances réduites.

Ce remboursement leur seroit fait en obligations de la caisse d'amortissement, pour lesquelles il est ménagé un double système d'amortissement, fondé sur la proportion établie dans le remboursement des *deux cent trente-sept millions huit cent soixante-six mille cinq cent quarante francs*, qui garantit que ces obligations seroient plutôt escomptées à *quatre pour cent* l'an sur les diverses places de commerce qu'au pair de *cinq pour cent* qui est le taux d'intérêt réservé à ces obligations à raison de leurs termes d'échéance à *un*, *deux*, *trois*, *quatre et cinq ans*.

Dès le premier janvier 1820, il seroit ouvert une nouvelle section de remboursement dont la proportion seroit établie d'après les mêmes fractions de remboursement pour cinq ans de plus sur le capital supposé de *un milliard sept cent soixante-deux millions cent trente-trois mille quatre cent soixante francs*, qui seroit le capital résultant à rembourser à l'époque du premier janvier 1822.

Chaque créancier recevroit donc, le premier janvier 1817, à raison de *douze pour cent* environ du montant de sa créance sur l'Etat, à cette époque, pour l'amortissement des années 1817, 1818, 1819, 1820, 1821; et, le premier janvier 1820, il pourroit recevoir à-peu-près *quatorze pour cent* du montant de sa créance, reportée au premier janvier 1822 pour l'amortissement des années 1822, 1823, 1824, 1825, 1826.

Ce seroit des valeurs considérables mises dans les mains des créanciers qui représenteroient des valeurs certaines pour le commerce et les transactions, et d'autant plus garanties dans leurs valeurs nominales, que la caisse d'amortissement pourroit toujours anticiper ses payemens de chaque année d'environ *cinquante pour cent* dans les six premiers mois, et jusqu'à *quatre-vingt-sept pour cent* dans les neuf premiers mois de chaque échéance.

Nul doute que ce système d'amortissement ne servît à fortifier le crédit de l'État et à garantir celui de la caisse d'amortissement dont les bienfaits seroient ressentis aussitôt sa naissance : ce n'est point présenter un mode d'amortissement tablé sur ceux de l'Angleterre ; c'est ce que je me suis proposé.

Ici finit la deuxième partie de mon travail.

La troisième partie présente l'ensemble des produits que l'on peut attendre des divers impôts dont j'ai parlé dans mes écrits, et j'ai pensé qu'avec des charges moindres que celles qui ont été proposées et adoptées généralement, on peut se procurer un produit annuel de. . . . . Fr. 1,013,000,000

dont retranchant les articles au budjet de 1816 :

Dépenses ordinaires. . . .	544,610,000	
Idem extraordinaires. . .	280,800,000	
Ce que je demande d'extraordinaire au budjet 1816 pendant les cinq premières années seulement pour tenir mon système d'amortissement et de prospérité publique.	60,000,000	
Pour rétablissement extraordinaire des grandes routes et canaux.	15,000,000	
		900,410,000
Différence en faveur des produits. . .		112,590,000
A ajouter les économies sur les frais généraux, à supposer d'après la régularisation de mon système, et qui seraient à déduire des dépenses du budjet 1816, au moins.		50,000,000
Excédant en produits. . . . . Fr.		162,590,000

Cette seule preuve garantit des revenus suffisans, puisque les produits des impôts que je maintiens sont en grande diminution de ceux déjà fixés par le budjet 1816, et que les impôts que je crée promettent raisonnablement les sommes que j'ai établies en compte.

La quatrième partie se compose d'un résumé de principes d'économie pour l'organisation de l'administration des Finances en France. *Ce chapitre peut offrir quelques idées neuves.*

Voilà le résumé succinct des idées présentées dans mon septième Essai sur les Finances, que je donnerai pour complément de mon Ouvrage général que je n'ai pas fait imprimer, ayant pensé avoir besoin d'assurer mes idées sur les opinions qu'il a plu à beaucoup de sujets du Roi, zélés pour le bien public, de mettre au jour. Je ne ferai qu'un reproche à quelques-uns, c'est de trop vanter les effets du génie des autres nations, lorsqu'ils devroient être les premiers à chercher à prouver que le génie des hommes d'Etat en France, peut aller de pair avec le génie de ceux de tous les autres gouvernemens.

10 septembre 1816.

FIN.

www.ingramcontent.com/pod-product-compliance
Lightning Source LLC
LaVergne TN
LVHW010220230826
846091LV00008BB/3605

* 9 7 8 2 0 1 9 2 5 9 1 1 2 *